少林武术精粹系列丛书

少林枪术（三）

德虔　德炎　编著

北京体育大学出版社

责任编辑：孙运娟
责任校对：曹晓燕
版式设计：李　鹤

图书在版编目（CIP）数据

少林枪术. 三 / 德虔, 德炎编著. -- 北京 : 北京体育大学出版社, 2022.1
（少林武术精粹系列丛书）
ISBN 978-7-5644-3584-4

Ⅰ. ①少… Ⅱ. ①德… ②德… Ⅲ. ①少林武术－枪术(武术)－套路(武术) Ⅳ. ①G852.23

中国版本图书馆CIP数据核字(2022)第007645号

少林枪术（三）
SHAOLIN QIANGSHU(SAN)
德虔　德炎　编著

出版发行：北京体育大学出版社
地　　址：北京海淀区农大南路1号院2号楼2层办公B-212
邮　　编：100084
网　　址：http://cbs.bsu.edu.cn
发 行 部：010-62989320
邮 购 部：北京体育大学出版社读者服务部 010-62989432
印　　刷：北京昌联印刷有限公司
开　　本：880mm × 1230mm　1/32
成品尺寸：148mm × 210mm
印　　张：1.75
字　　数：39千字
版　　次：2022年1月第1版
印　　次：2022年1月第1次印刷
定　　价：10.00元

前言

武术作为中国的国粹，是中华民族传统文化的组成部分。家喻户晓的少林武术便是其中极具代表性的门类，是中国武术的重要象征。

我社与少林武术结缘已久，伴随着时光的流逝，有多种内容、多样组合、各种形式的载有少林武术的出版物，源源不断地从我社注入市场，为方兴未艾的少林武术热潮平添了更高的热度。可以说，少林武术图书一直与我社相伴相随，成为我社具有长期出版价值的图书门类。其中，少林武术图书的编纂者——已故的王长青（法号释德虔）先生功不可没。他经年累月锲而不舍，寻于寺院、觅于乡间，挖掘出大量尘封的少林武术资料，继而分门别类梳理、整饬成一册册书稿，并与我社携手努力，打造出独树一帜的武术图书板块，为我社的武术图书出版打开了新局面。

今天，在着力弘扬中华优秀传统文化，树立和增强文化自信的大背景下，我社将以往出版的少林武术书籍重新进行了编排，以全新的面貌推出“少林武术精粹系列丛书”，这是我社多年来少林武术出版情结的延续，是对积累和沉淀的少林武术资源的再一次整合与展示，更紧密契合了时代的要求。

通过这套书，读者可以研习刚柔相济、闪转腾挪的少林功夫，可以感悟其中凝结的中华智慧，可以领略武术文化的博大精深……这便是我社对这套书出版价值的期待。

目 录

少林扭丝枪

动作名称

预备势
1.乌龙钻洞
2.青龙摆尾
3.猛虎跳涧
4.织女穿梭
5.白虎拦路
6.戳蜂窝势
7.背后斩妖
8.舞花扎枪
9.大鹏甩膀
10.金鸡独立
11.渔人撒网
12.童子放风筝
13.青龙摆尾
14.饿虎扑羊
15.攻前防后
16.仆地视锦
17.白蛇吐信
18.朝天一炷香
19.黑虎掏心
20.仙人脱衣
21.戳蜂窝势
22.鹞子翻身
23.黄龙赐泉
24.大鹏展翅
25.白蛇吐信
26.小鬼推磨
27.鸿雁展翅
28.黄龙起风
29.黑虎掏心
30.白虎拦路
31.金鸡独立
32.云里拨灯
33.旋风转圈
34.织女穿梭
35.白蛇吐信
36.钟馗藏剑
37.黑虎掏心
38.仆地视锦
39.织女穿梭
40.枯树盘根
41.小鬼推磨
42.白蛇吐信
43.画眉上架
44.青龙摆尾
45.织女穿梭
收　势

动作图解

预备势

两脚并立，身体挺直，右手握枪，竖于右侧，枪锋向上，左臂下垂，左手五指并拢，附于大腿外侧，目视前方（图1）；随之左手由下向内向上再向外画弧，然后向左摆掌，掌心向左，目视左手（图2）。

图1

图2

1.乌龙钻洞

左脚向左跨一步，脚跟提起，脚尖点地，成左虚步，同时左手接把、上移，握枪杆中下部，右手向下滑把，持枪向左下方扎，枪锋斜向下，目视枪锋（图3）；随之两手握枪向左挑，目视枪锋（图4）。

图 3

图 4

2.青龙摆尾

两脚踮地，身体右转90度，两腿屈膝成马步，同时两手握枪向左绞，然后随身向左横刺（图5）；随之两脚踮地，身体左转90度，右脚向前上一步，同时两手倒把舞半花，然后托枪向左后方撩，目视枪锋（图6）。

图 5

图 6

3.猛虎跳涧

两脚向前跳一步，右脚落于左脚前，两腿成右弓步，同时左手

松把，右手握枪由后向前绕头抡一周，然后向前砸枪，左手随身向后展臂撩摆，目视枪锋。（图7）

图 7

4.织女穿梭

左脚向前上一步，两脚踉地，身体右转90度，两腿屈膝成马步，同时右手握枪由前上方向左抡枪，当枪返前时，左手接把，两手握枪向左横刺，枪锋向左，目视左侧。（图8）

5.白虎拦路

向左转体180度，跳步，两腿成右弓步，同时枪随身舞半花，转体后两手倒把，托枪前推，目视左侧。（图9）

图 8

图 9

6.戳蜂窝势

两脚蹍地，身体左转90度，左腿屈膝，右腿蹬直，成左弓步，同时两手向后滑把，握枪脖向前戳杆，目视枪根。（图10）

图 10

7.背后斩妖

右脚向前上一步，落在左脚前，脚跟提起，成右虚步，同时右手向前滑把，两手展臂托枪，枪锋向后，目视前方。（图11）

8.舞花扎枪

左脚向前上一步，脚跟提起，成左虚步，同时左手松把，右手持枪由后向前绕头抡，然后左手接把舞半花，两手握枪向前斜下刺，目视枪锋。（图12）

图 11

图 12

9.大鹏甩膀

两脚向前踮跳一步，右脚落于左脚前，右腿屈膝，两腿成右弓步，同时两手握枪向左绞，然后向左侧撩枪，枪锋向左，目视枪锋。（图13）

10.金鸡独立

两脚踝地，身体左转90度，右腿向前提膝，同时两手握枪转把舞半花，竖杆，枪锋向下，目视前方。（图14）

图 13

图 14

11.渔人撒网

右脚向前落一步，左脚向前上半步，两手移把随身舞花，然后两腿下蹲，握枪向前斜刺，枪锋向前，目视枪锋（图15）；随之右脚向前上一步，右腿屈膝，两腿成右弓步，同时由左向右绞枪，然后两手换把托枪向前，枪锋向后下方，目视前方（图16）。

图 15

图 16

12.童子放风筝

两脚蹍地，身体左转180度，右脚向前上一步，两腿成右弓步，同时两手倒把舞半花，然后持枪向前上方斜刺，枪锋斜向上，目视枪锋（图17）；随之左脚向前上一步，两脚踞地，身体右转90度，右腿半蹲，左脚蹬直，成右横弓步，同时两手握杆在前上方顺绞枪，然后两手滑把，向左横刺，枪锋向左，目视枪锋（图18）；随之两脚踞地，身体左转90度，右脚向前上步，震脚，与左脚成并步，两腿微屈膝，左脚提脚跟，脚尖点地，同时逆绞枪，然后抬枪斜向上刺，枪锋向前上方，目视枪锋（图19）。

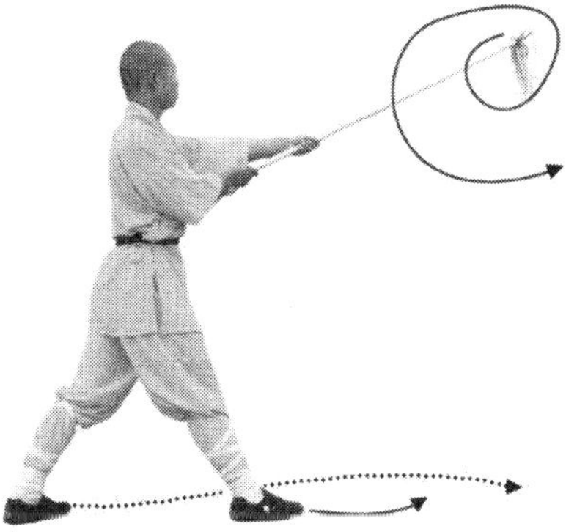

图 17

图 18

图 19

13.青龙摆尾

右脚向前上一步，左腿提膝，同时顺绞枪，两手倒把舞半花，然后以右脚为轴，身体左转45度，两手握枪由右向左后方撩，枪锋向后下方，目视后方。（图20）

14.饿虎扑羊

左脚不落地，右脚向前跳一大步，左脚落于右脚前，两腿成左弓步，同时两手握枪由后向前绕头舞花，然后两手倒把，托枪向前斜下扎，枪锋向下，目视枪锋。（图21）

图 20

图 21

15.攻前防后

右脚向前上一步，落于左脚前，同时两手移把，舞花，然后使枪杆绕于左腋下，目视枪锋（图22）；随之抬左腿向前弹踢，然后向右舞花，再换把向后反刺，上体向左转，枪锋向后，目视枪锋（图23）。

图 22

图 23

16.仆地视锦

左脚落于右脚后一步，左腿屈膝下蹲，右腿蹬直，成右仆步，同时左手松把，向左侧上方举臂亮掌，右手握枪由左向上绕头向右下方劈打，目视右侧。（图24）

图 24

17.白蛇吐信

两脚蹍地，身体左转90度，两腿成左弓步，同时右手握枪由右随身绕头向前抡，然后左手接把，两手握枪向前直刺，枪锋向前，

目视前方。（图25）

图 25

18.朝天一炷香

右脚向前跳一步，左脚向后上提，同时两手握枪顺绞，然后向上戳枪，枪锋向上，目视枪锋。（图26）

19.黑虎掏心

左脚向前落一步，两腿成左弓步，同时两手握枪由上向下再向后抡枪，然后两手换把，握枪向前平刺，枪锋向前，目视枪锋。（图27）

图 26

图 27

20.仙人脱衣

右脚向前上一步，左脚向前弹踢，同时两手握枪，沉锋举把，当枪杆平肩时，左手松把，向后甩臂撩掌，右手握枪向后绕前抡枪，然后垂臂砸枪，目视前方。（图28）

21.戳蜂窝势

左脚落于右脚前一步，右脚跳过枪杆，两脚踝地，身体右转180度，右腿屈膝，左腿蹬直，成右弓步，同时右手持枪由下向上向后再向前抡枪，当枪至身前时，左手接把，两手托枪向左侧斜刺，目视枪锋。（图29）

图 28

图 29

22.鹞子翻身

两脚跳起，向右转体90度，两腿成右仆步，同时顺势绞枪，然后握枪随身向左侧压枪，枪锋向左上方，目视右侧。（图30）

图 30

23.黄龙赐泉

两脚踉地，身体左转90度，左脚向后平抬，收两脚向前翻身纵跳（图31）；随之右脚落于左脚前，两腿成右弓步，同时两手握枪向左前下方斜刺，目视枪锋（图32）。

图 31

图 32

24.大鹏展翅

两脚向前滑半步，同时两手握枪向上挑，然后舞花，提枪斜竖，枪锋斜向上，目视枪锋（图33）；随之右脚向前上一步，两腿成右弓步，同时向右舞花，然后左手松把，向左侧举臂亮掌，右手持枪向前平刺，枪锋向前，目视枪锋（图34）。

图 33

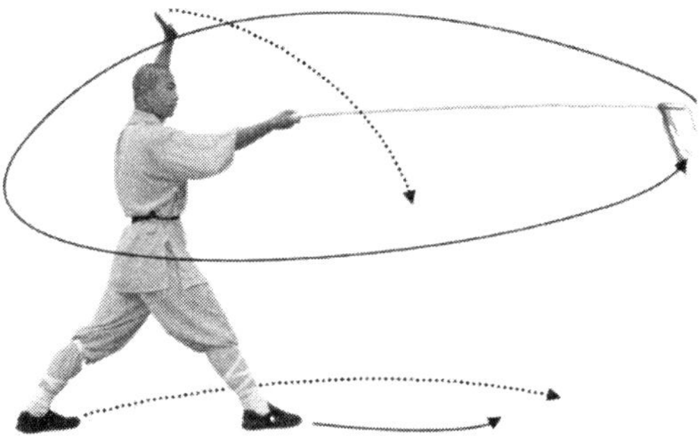

图 34

25.白蛇吐信

两脚向前纵跳一步，左脚落于右脚前，两腿成左弓步，同时右手持枪由前向后抡，左手接把，两手握枪随身向前直刺，枪锋向前，目视前方。（图35）

图 35

26.小鬼推磨

两脚蹍地，身体右转90度，两腿成右横弓步，同时逆绞枪，然后左手向上滑把，两手托枪向左拨枪，目视枪锋。（图36）

27.鸿雁展翅

两脚踬地，身体左转90度，抬右脚向前上一步，两腿成右弓步，同时两手展臂托枪，枪锋斜向前，目视枪锋（图37）；而后两手移把舞花，左脚向前震脚，与右脚成并步，同时两手向下滑把，握枪根向前斜扎，枪锋向下，目视枪锋（图38）；随之左脚向前上一步，身体右转90度，两手握枪向右舞花，然后两手展臂托枪，枪锋向左，目视前方（图39）。

图 36

图 37

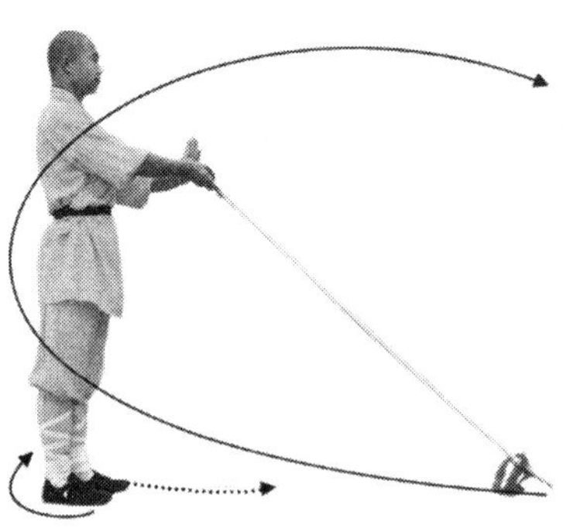

图 38

图 39

28.黄龙起风

两脚不动，两手倒把，由左向右持枪舞花，眼随枪锋转视，再目视前方（图40）；以两脚为轴，身体左转270度，右脚向前上一步，同时两手握枪随身舞花，转身后枪杆压于右腋下，枪锋向后，目视前方（图41）。

图 40

图 41

29.黑虎掏心

右脚向前跳一步，左腿提膝，同时两手握枪向右舞花，然后提枪由右向左拨枪，目视枪锋（图42）；而后左脚向前落一步，以两脚为轴，身体右转90度，两腿屈膝半蹲成马步，同时两手移把，向左前方直刺，枪锋向左前方，目视枪锋（图43）。

图 42

图 43

30.白虎拦路

左脚移于右脚前外侧，两腿成叉步，同时向左绞枪，然后两手倒把，舞半花（图44）；随之左脚向左跨一步，同时两手倒把，舞花，然后再倒把托枪展臂前推，目视右侧（图45）。

图 44

图 45

31.金鸡独立

以两脚为轴，身体稍左转，两脚向前跳一步，两手倒把，向左舞花，然后托枪向前上方斜刺，枪锋斜向上，目视枪锋（图46）；随之右脚向前上一步，左腿提膝，同时两手移把向右舞花，然后竖枪上刺，枪锋向上，目视前方（图47）。

图 46

图 47

32.云里拨灯

左脚向前落一步，同时两手持枪由上向前下方戳，枪锋向下，目视枪锋（图48）；随之两脚向前踮跳一步，右腿屈膝，左腿蹬直，成右横弓步，同时向左绞枪，然后左手向上移把，两手托枪由下向上再向右拨枪，枪锋向上，目视枪锋（图49）。

图 48

图 49

33.旋风转圈

两脚蹍地，身体右转90度，右腿提膝，同时两手移把向右随身舞花（图50）；随之右脚向前落一步，左脚也向前上一步，两脚蹍地，身体右转90度，同时两手移把，随身向右再返左舞花（图51）；而后两脚蹍地，身体左转90度，两腿成左弓步，同时两手倒把，向右舞花，使枪杆转至身体左侧，压于左腋下，目视前方（图52）。

图 50

图 51

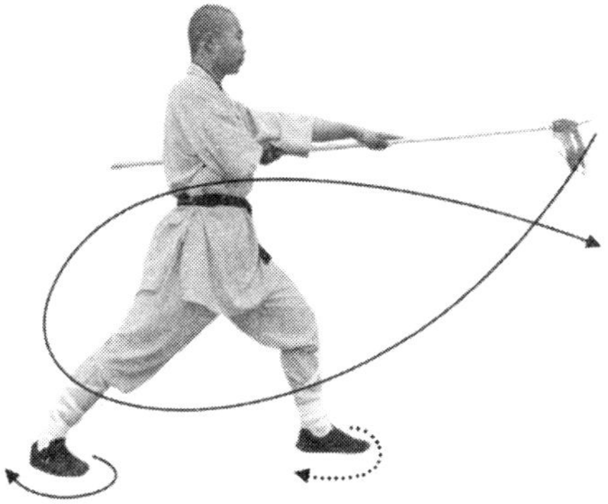

图 52

34.织女穿梭

两脚踬地，身体右转90度，两腿半蹲成马步，同时两手倒把舞半花，然后两手握枪由右向左横穿，枪锋斜向左上方，目视枪锋。（图53）

图 53

35.白蛇吐信

身体左转90度，两脚向前跳一步，左脚落于右脚前，两腿成

左弓步，同时两手握枪向右绞，然后向前直刺，枪锋向前，目视枪锋。（图54）

图 54

36.钟馗藏剑

右脚向前上一步，右腿屈膝，左腿蹬直，成右弓步，同时两手倒把，向后捣枪，枪锋斜向后下方，目视前方。（图55）

图 55

37.黑虎掏心

左脚向前上一步，脚跟提起，成左虚步，同时两手移把，向左

舞花，然后两手滑把，向前刺枪，枪锋向前，目视枪锋。（图56）

图 56

38.仆地视锦

两脚向前跳一步，左脚落于右脚前，两腿成左仆步，同时两手持枪随身舞花，然后反把向前砸，枪锋向后，目视枪根。（图57）

图 57

39.织女穿梭

起身，左脚向右收步，两腿屈膝半蹲成马步，同时两手倒把，持枪由右向左横刺，枪锋向左，目视枪锋。（图58）

图 58

40.枯树盘根

两脚蹍地，身体左转90度，右脚向前上一步，两腿成右弓步，同时两手换把随身提枪绕头云旋，然后倒把，展臂托枪，枪锋向前，目视枪锋（图59）；随之右手向后滑把，握枪向前猛刺，然后绞枪，左脚向前上半步，以两脚为轴，身体右转90度，两腿成叉步，再全蹲成歇步，同时两手倒把，向右下方横刺，枪锋向右下方，目视右侧（图60）。

图 59

图 60

41.小鬼推磨

右脚向右移半步，两脚踝地，身体右转90度，抬左脚向前上一步，成左虚步，同时两手握枪向左绞，然后向右舞花（图61）；随之左脚向前滑半步，两手倒把舞花，然后两脚踝地，身体右转90度，两腿成右横弓步，同时两手握枪由右向左拨枪，枪锋向左下方，目视枪锋（图62）。

图 61

图 62

42.白蛇吐信

两脚踝地，身体左转90度，右脚向前上一步，震脚，左腿提膝，同时由外向内绞枪，然后两手倒把舞半花，再提枪下扎，枪锋向下，目视枪锋（图63）；随之右脚向前跳一步，左脚落于右脚前，两腿成左弓步，同时左手向下滑把，绕头抡枪，然后两手持枪向前猛刺，枪锋向前，目视枪锋（图64）。

图 63

图 64

43.画眉上架

右脚向前上一步，落于左脚内侧，同时两手握枪向右绞，然后向前直刺，枪锋向前，目视枪锋（图65）；随之左脚向前上半步，右脚向前上方由外向内弹摆，同时左手松把，由外向内拍击右脚内侧，右手持枪向前下方砸，目视前方（图66）。

图 65

图 66

44.青龙摆尾

以左脚为轴，身体右转90度，右脚向后落一步，两腿成叉步，同时右手持枪由前绕头向后抡，随之左手接把，两手握枪向左后下方扎，枪锋向后下方，目视枪锋。（图67）

45.织女穿梭

两脚踝地，身体右转180度，两腿屈膝半蹲成马步，同时两手倒把舞花，然后由右向左横刺，枪锋向左，目视枪锋。（图68）

图 67

图 68

收 势

收左脚向内与右脚成并步，同时两手滑把舞半花，然后左手松把，右手握枪竖于身体右侧，枪锋向上，左手由外向上再向内向下画弧，变拳抱于腰间，拳心向上，身体挺直，目视前方。（图69）

图 69

少林长枪

动作名称

预备势
1.小鬼拨扇
2.猴子戏月
3.大杀回马枪
4.大水屯门
5.苏秦背剑
6.云里拨灯
7.白蛇吐信
8.扎地穴势
9.仙童吹笛
10.金鸡独立
11.白蛇吐信
12.移山填海
13.吕布藏戟
14.仙人担柴
15.扎地穴势
16.白蛇弄风
17.野马上槽
18.声东击西
19.鹞子翻身
20.扎地穴势
21.锁喉枪势
22.卧心枪势
23.仆地视锦
24.小鬼放风筝
25.鹰斗鹞子
26.钟馗斩剑
27.仙人摘桃
28.翻云覆雨
29.闯鸿门宴
30.黑风入林
31.夜叉探海
32.织女穿梭
33.鸿雁展翅
34.外拦腰势
35.火神分金
36.孤雁落沙滩
37.黑虎掏心
38.野马上槽
39.孔雀开屏
收　势

动作图解

预备势

两脚并立，身体挺直，右手握枪，竖于身体右侧，枪锋向上，左臂下垂，左手五指并拢，附于左大腿外侧，掌心向内，目视前方。（图1）

1.小鬼拨扇

左脚向左跨一步，以两脚为轴，身体左转90度，左腿屈膝，右腿蹬直，成左弓步，同时右手向左返右抡枪，当枪行至左侧时，左手接把，两手握枪由右向左摆，枪锋向前上方，目视前方。（图2）

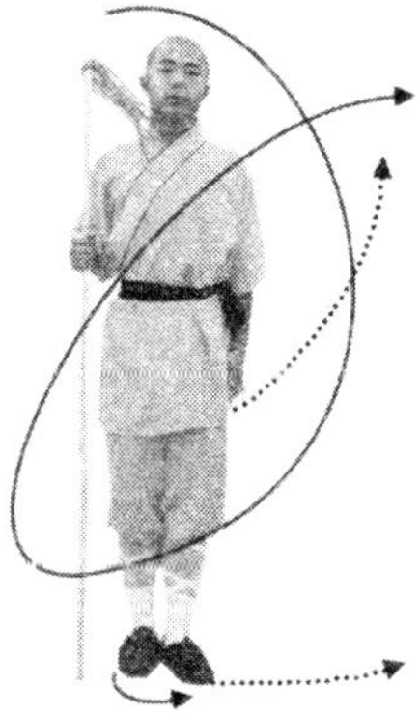

图 1

图 2

2.猴子戏月

右脚向前上一步，两腿成右弓步，同时两手握枪向右绞，然后左手脱把，向左侧后方展臂摆掌，右手持枪向前戳，枪锋向前，目视枪锋。（图3）

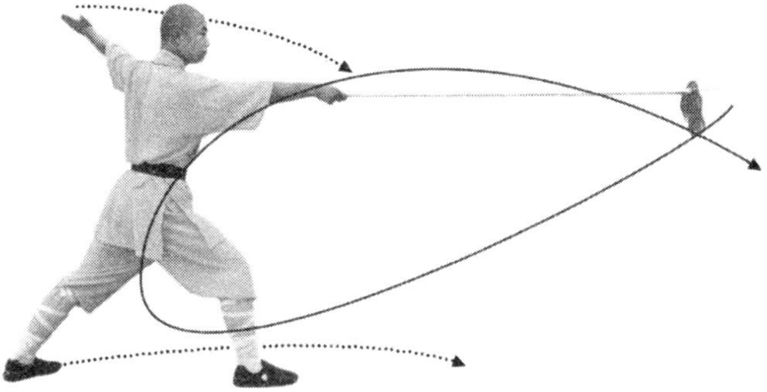

图 3

3.大杀回马枪

左脚向前上一步，同时右手持枪由前向后抡，然后左手接把，两手握枪向前刺（图4）；随之右脚向前上一步，两腿成右弓步，同时两手握枪向左绞，然后抬枪向后下方斜扎，枪锋向后下方，目视枪锋（图5）。

图 4

图 5

4.大水屯门

两脚跳起，向右转体180度，落地后两腿成左虚步，同时左手向

下滑把，两手握枪由左向上绕头往右前方抡，然后左手向上滑把，握枪向前推，再向外拨枪，目视枪锋。（图6）

5.苏秦背剑

以左脚为轴，抬右脚向左转体180度，右脚落于左脚右前一步，同时两手握枪向右绞，然后两手向上滑把，挽半花后将枪背于后，枪锋向上，目视前方。（图7）

图 6

图 7

6.云里拨灯

两脚不动，两手握枪由后向下再往右游枪，然后左手向上滑把，两手握枪沉锋，枪根由后向前上方闪打，枪锋斜向下，目视枪根。（图8）

图 8

7.白蛇吐信

以两脚为轴，身体左转90度，两腿成左弓步，同时左手向下滑把，两手握枪舞花（图9）；随之两脚向前踮跳一步，左脚落于右脚前，两腿仍成左弓步，同时两手倒把随身舞花，然后两手向后滑把，握枪前刺，枪锋向前，目视前方（图10）。

图 9

图 10

8.扎地穴势

收左脚并提膝，同时两手滑把由前向上绕头往后抡枪，然后左

手向上滑把，两手握枪向前下方刺，目视前枪锋。（图11）

9.仙童吹笛

左脚向前上半步，右脚再向前上一步，两腿成右弓步，同时两手倒把，向前上方游枪，然后缩臂横枪，枪根向左戳，高与胸平，枪锋向前，目视后方。（图12）

图 11

图 12

10.金鸡独立

左脚向前上一步，右腿提膝，同时两手倒把倒舞花，然后两手再倒把托枪向前上方戳枪根，枪锋向后，目视枪根。（图13）

11.白蛇吐信

右脚向前落一步，左脚向前上一步，两腿成左弓步，同时两手握枪倒舞花，然后左手向下滑把，握枪由后向前直刺，枪锋向前，目视前方。（图14）

图 13

图 14

12.移山填海

两脚踬地，身体左转90度，两腿成叉步，同时向左绞枪，然后左手向上滑把，两手托枪随身向左下方扎，枪锋向下，目视枪锋。（图15）

13.吕布藏戟

左脚向左跨一步，以两脚为轴，身体左转180度，右脚向前上一步，两腿成右弓步，同时左手向后滑把，两手握枪上挑，然后两手反把，托枪向后斜刺，枪锋向后下方，上体向前倾探，目视前方。（图16）

图 15

图 16

14.仙人担柴

左脚向前上一步，两腿成左弓步，同时左手脱把，右手持枪由后向前劈，然后左手接把舞半花，目视枪锋（图17）；随之右脚向前跳一步，左腿向后弹蹬，同时两手倒把舞花，然后两手向上滑把，抬枪放于右肩上，枪锋向后，目视右后方（图18）。

图 17

图 18

15.扎地穴势

左脚向前落一步，同时两手握枪由后向上绕头往前抡劈，然后

两手倒把，由上向下扎，枪锋向下，目视前方。（图19）

图 19

16.白蛇弄风

右脚向前上一步，两腿成右弓步，同时缩枪向左绞，然后左手向后滑把，两手握枪根向前平刺，枪锋向前，目视前方。（图20）

17.野马上槽

左脚向前上一步，抬右腿向上提膝，同时两手握枪由前向后绕头再返前抡旋，然后左手向前滑把，举右臂架枪前扎，枪锋向前，上体前探，目视枪锋。（图21）

图 20

图 21

18.声东击西

右脚向前落一步，以两脚为轴，身体左转90度，两腿成拖步，同时两手滑把舞半花，然后倒把，反臂压枪于右腋下（图22）；随之两手握枪沉锋舞花，向左刺，当枪头行至胸前时，倒把向右下方扎，枪锋向下，目视枪锋（图23）。

图 22

图 23

19.鹞子翻身

两脚跳起，向左转体180度，两腿成左横弓步，同时两手握枪随

身绕头抡旋，转体后两手倒把，托枪向右横刺，枪锋向右，目视枪锋。（图24）

20.扎地穴势

以两脚为轴，身体右转90度，抬左腿向前提膝，然后右手向后滑把，往上挑枪，再挽枪下扎，枪锋向下，目视枪锋。（图25）

图 24

图 25

21.锁喉枪势

左脚向前落一步，两腿成左弓步，同时两手握枪由下向前上方挑，枪锋斜向上，目视枪锋。（图26）

22.卧心枪势

右脚向前震脚，左脚后滑，变为左虚步，两腿微蹲，同时两手滑把，向左绞枪，然后握枪向前上方斜扎，枪锋向前，目视枪锋。（图27）

图 26

图 27

23.仆地视锦

两脚向前跳一步，左脚落于右脚前，右腿全蹲，左腿伸直，成左仆步，同时两手握枪随身向上绕头抡旋，然后向前下方劈砸，枪锋向前，目视枪锋。（图28）

图 28

24.小鬼放风筝

起身，右脚向前震脚，与左脚成并步，两腿微蹲，同时两手抬枪向前刺，枪锋向前，目视前方。（图29）

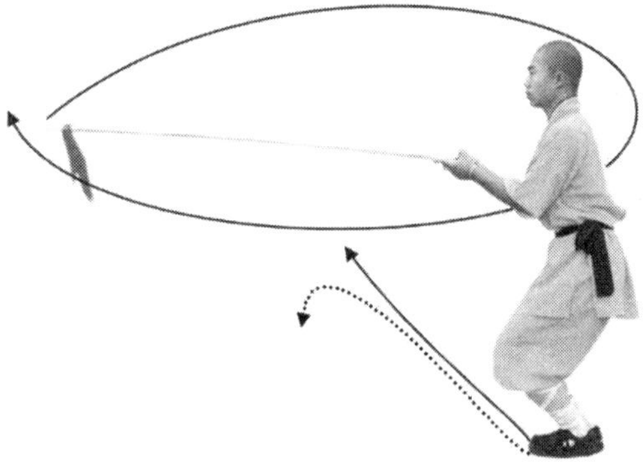

图 29

25.鹰斗鹞子

两脚向前上方纵跳一步，同时左手向前滑把，当身体腾空时，两手握枪由左向右拦打，目视枪锋。（图30）

26.钟馗斩剑

两脚落地，身体左转90度，两腿成右横弓步，同时向左绞枪，然后左手向上滑，再由右向左斩枪，枪锋向左，目视枪锋。（图31）

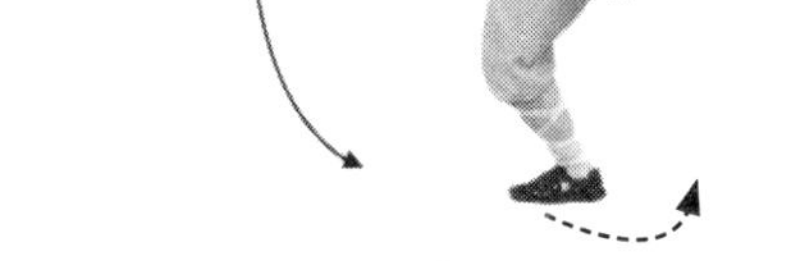

图 30

图 31

27.仙人摘桃

两脚向左横跳一步，两腿仍成右横弓步，同时左手向后滑把，两手握枪向内绞，然后滑把，由上向左扎，枪锋向左，目视枪锋。（图32）

28.翻云覆雨

左腿屈膝，右腿蹬直，成左弓步，同时两手握枪向左绞，然后抬起枪向前上方斜刺，枪锋斜向上，目视前方。（图33）

图 32

图 33

29.闯鸿门宴

两手向右绞枪，然后左手向后滑把，再握枪根向前直刺，枪锋向前，目视枪锋。（图34）

30.黑风入林

身体右转90度，右脚向前上一步，两腿成叉步，同时两手滑把向上绕头往后返前抡枪，然后，左手向上滑把，握枪向左上方斜刺，枪锋向左上方，目视枪锋。（图35）

图 34

图 35

31.夜叉探海

两脚向前跳一步，左脚不落地，左腿提膝，同时两手握枪向右挽半花，然后反把握枪下扎，枪锋向下，目视枪锋。（图36）

32.织女穿梭

左脚下落于右脚前一步，以两脚为轴，身体右转90度，两腿屈膝成马步，同时左手向后滑把，握枪上挑，然后倒把由右向左横刺，枪锋向左，目视左侧。（图37）

图 36

图 37

33.鸿雁展翅

两脚跳步转体，两腿成右弓步，同时两手握枪向上挑，舞半花，然后左手脱把，右手持枪向前展臂直刺，左手向后展臂亮掌，目视枪锋。（图38）

图 38

34.外拦腰势

两脚蹍地，身体左转90度，两腿屈膝半蹲成马步，同时右手持枪由右向左绕头抡旋，然后左手接把握枪由右向左横扫，枪锋向左，目视左侧。（图39）

35.火神分金

两脚蹍地，身体左转90度，右脚向前上一步，再以两脚为轴，身体再左转90度，两腿成右横弓步，同时两手滑把舞花，然后斜托枪向左下方斜扎，目视左侧（图40）；随之以两脚为轴，身体右转90度，左脚向前上一步，落于右脚前，成左虚步，两腿微蹲，同时两手握枪绕头向下再由右向左拨枪，目视枪锋（图41）。

36.孤雁落沙滩

两脚向前跳一步，两腿叉开着地，同时向左绞枪，然后两手反臂向右滚身斩枪，上体前倾，目视枪锋。（图42）

图 39

图 40

图 41

图 42

37.黑虎掏心

左脚向前上一步，两腿成马步，同时两手握枪向左劈，然后倒把握枪向前刺，枪锋向前，目视枪锋。（图43）

图 43

38.野马上槽

左脚向前跳一步，抬右脚向前弹踢，同时两手握枪向右绞，然后左手向后滑把，再握枪前刺，枪锋向前，目视枪锋。（图44）

图 44

39.孔雀开屏

右脚落地，再向前上一步，以两脚为轴，身体左转90度，同时向左绞枪，然后左手脱把，右手向右展臂刺枪，左手向左展臂亮掌，枪锋向右，目视枪锋。（图45）

图 45

收　势

左脚向内收一步，与右脚成并步，同时右手持枪由右向上绕头往左抡旋，然后挽花竖枪，紧贴身体右侧，枪锋向上，左手由外向内再向上画弧，然后垂臂，五指并拢，握拳抱于腰左侧，身体挺直，目视前方。（图46）

图 46